Día del trabajo

Rebecca Rissman

Heinemann Library
Chicago, Illinois

www.heinemannraintree.com
Visit our website to find out more information about Heinemann-Raintree books.

To order:

☎ Phone 888-454-2279

🖥 Visit www.heinemannraintree.com to browse our catalog and order online.

Edited by Adrian Vigliano and Rebecca Rissman
Designed by Ryan Frieson
Picture research by Tracy Cummins
Leveling by Nancy E. Harris
Originated by Capstone Global Library Ltd.
Printed in China by South China Printing Company Ltd.
Translation into Spanish by DoubleOPublishing Services

15 14 13 12 11 10
10 9 8 7 6 5 4 3 2 1

Library of Congress Cataloging-in-Publication Data
Rissman, Rebecca.
 [Labor day. English]
 Día del trabajo / Rebecca Rissman.
   p. cm.—(Fiestas)
 Includes bibliographical references and index.
 ISBN 978-1-4329-5392-8 (hbk.)—ISBN 978-1-4329-5411-6 (pb)
 1. Labor Day—Juvenile literature. I. Title.
 HD7791.R5513 2011
 394.264—dc22   2010034165

Acknowledgments
The author and publishers are grateful to the following for permission to reproduce copyright material: AP Photo/John Heller **pp.17**, **23 bottom**; AP Photo/Carlos Osorio **p.20**; Corbis ©Astock **p.5**; Corbis ©Bettmann **pp.9, 8**; Getty Images/Lambert Studios **p.12**; Getty Images/Jupiterimages **p.18**; Getty Images/Colorblind **p.19**; Getty Images/Ken Fisher **p.21**; istockphoto ©John Clines **p.22**; Library of Congress Prints and Photographs Division **pp.6, 7, 10, 23 center, 23 top**; Library of Congress Prints and Photographs Division/Lewis W. Hine **p.11**; Photolibrary/Imagesource Imagesource **p.16**; Shutterstock ©Monkey Business Images **p.4**; Shutterstock ©Galina Barskaya **p.14**; Shutterstock ©Orange Line Media **p.15**; The Granger Collection, New York **p.13**.

Cover photograph of a group of professionals reproduced with permission of Corbis/image100. Back cover photograph reproduced with permission of Library of Congress Prints and Photographs Division.

Every effort has been made to contact copyright holders of any material reproduced in this book. Any omissions will be rectified in subsequent printings if notice is given to the publisher.

Contenido

¿Qué es una fiesta?

Las personas celebran las fiestas.
Una fiesta es un día especial.

El Día del trabajo es una fiesta.
El Día del trabajo es en septiembre.

La historia del Día del trabajo

Años atrás, muchas personas trabajaban
en fábricas. Las fábricas son edificios
llenos de máquinas y trabajadores.

Se producían muchas cosas en las fábricas.
Pero las fábricas eran peligrosas.

Las personas podían lastimarse trabajando en las fábricas. No ganaban mucho dinero.

Los trabajadores de las fábricas debían defenderse a sí mismos.

Formaron sindicatos laborales. Éstos son grupos de trabajadores que defienden sus derechos.

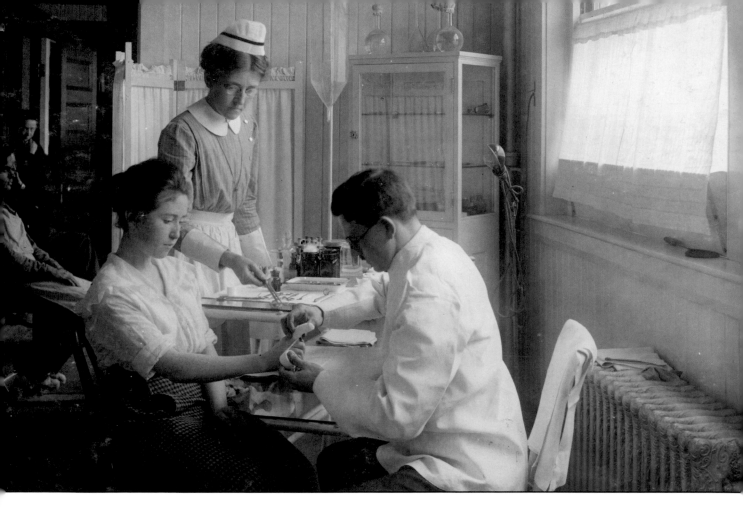

Estos sindicatos laborales ayudaron a los trabajadores a ganar más dinero. Los mantuvo fuera de peligro en su trabajo.

11

Peter Maguire fue un líder sindical.
Quería un día para honrar a los
trabajadores estadounidenses.

12

En 1882, los Estados Unidos celebró el primer Día del trabajo.

Celebrar el Día del trabajo

En el Día del trabajo, la mayoría de las escuelas y las tiendas está cerrada.

Las personas pasan el día con familiares y amigos.

Pasan el día al aire libre.

Observan los desfiles.

Hacen picnics.

Y las personas honran a todos los trabajadores estadounidenses.

Los símbolos del Día del trabajo

Los sindicatos laborales son símbolos del Día del trabajo.

Los trabajadores estadounidenses son símbolos del Día del trabajo.

Calendario

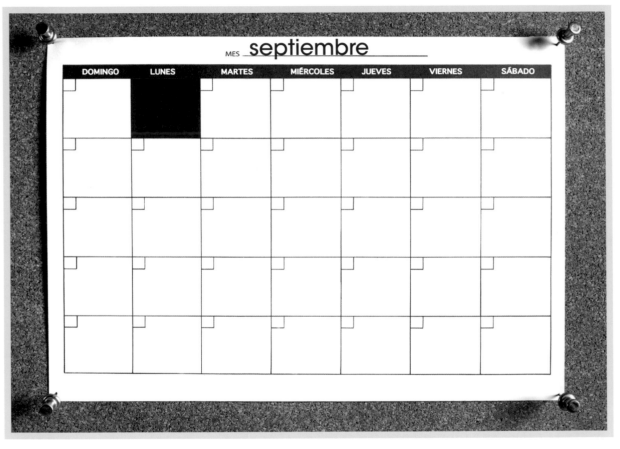

El Día del trabajo es el primer lunes de septiembre.

Glosario ilustrado

 **fábrica** edificio grande donde trabajan muchas personas. Algunas fábricas tienen muchas máquinas.

 **sindicato laboral** grupo de trabajadores que defienden sus derechos

 **desfile** grupo de personas que marchan juntas para celebrar algo

Índice

Nota a padres y maestros

Antes de leer

Explique que cada septiembre los estadounidenses celebran el Día del trabajo. Pregunte a los niños si pueden adivinar qué celebramos en el Día del trabajo. Pregunte cuáles son sus impresiones sobre el trabajo: ¿pueden nombrar muchos tipos de trabajos? ¿Qué quieren ser los niños cuando sean adultos? ¿Ya participan en algún tipo de trabajo?

Después de leer

Planee una excursión a una fábrica local o a un lugar de trabajo. Asegúrese de que los niños puedan interactuar con varios trabajadores que representen una amplia gama de destrezas y responsabilidades. ¡Anímelos a hacer preguntas!